A neurose obsessiva

PSICANÁLISE PASSO-A-PASSO
Direção: Marco Antonio Coutinho Jorge

Ver lista de títulos no final do volume

Maria Anita Carneiro Ribeiro

A neurose obsessiva

4ª reimpressão

ZAHAR

Jorge Zahar Editor Ltda.
rua Marquês de S. Vicente 99 – 1º
22451-041 Rio de Janeiro, RJ
tel (21) 2529-4750 / fax (21) 2529-4787
editora@zahar.com.br
www.zahar.com.br

Grafia atualizada respeitando o novo Acordo Ortográfico da Língua Portuguesa

Capa: Sérgio Campante

Composição eletrônica: TopTextos Edições Gráficas Ltda.

4ª reimpressão: 2015

CIP-Brasil. Catalogação na fonte
Sindicato Nacional dos Editores de Livros, RJ

Ribeiro, Maria Anita Carneiro
R37n A neurose obsessiva / Maria Anita Carneiro Ribeiro. – Rio de Janeiro: Zahar, 2003.
(Passo-a-passo; 23)

Inclui bibliografia
ISBN 978-85-7110-727-4

1. Transtorno obsessivo-compulsivo. I. Título. II. Série

CDD: 616.85227
11-1564 CDU: 616.891.7

Sumário

Introdução

Pode parecer anacrônico, no tempo do CID 10 (Classificação Internacional de Doenças, de 1993) e do DSM IV (Manual Diagnóstico e Estatístico das Perturbações Mentais, de 1994), escrever sobre a neurose obsessiva. Afinal, essa nomenclatura já foi varrida dos manuais classificatórios da psiquiatria, tendo sido substituída pela sigla TOC — transtorno obsessivo-compulsivo.

Ora, o que se oculta por trás de uma aparente mera mudança de sigla é toda uma política do discurso capitalista de anular o sujeito do desejo e substituí-lo pela figura do consumidor passivo. A neurose obsessiva é um distúrbio que produz sofrimento psíquico e que aponta para os impasses do sujeito com o seu desejo inconsciente. Já o TOC é uma doença cerebral, com a qual o sujeito não tem nada a ver e que deve ser tratada com remédios. Depois da moda da depressão medicada, temos o obsessivo reduzido a um doente também a ser medicado, todos rumo a uma drogadição lícita e generalizada, consumidores obedientes dos ditames do capital.

Debater a neurose obsessiva nesse contexto é uma questão política. Segundo Freud, o sujeito humano vem ao mundo num estado de total desamparo, e depende do adulto que dele se ocupa até mesmo para sobreviver. Não conta com o instinto que guia os animais na natureza e faz com que, por exemplo, os cãezinhos recém-nascidos busquem a teta da mãe, antes mesmo de abrir os olhos. Deficiente de instintos, o bebê humano só conta com a ajuda mais ou menos eficiente da mãe, ela igualmente deficiente de qualquer *instinto maternal* que a oriente na satisfação das necessidades do filho.

É nesse desencontro que nascemos e nos constituímos como sujeitos, dependendo da palavra, de início vagidos, interpretada pelo outro, para obter a satisfação. É nesse contexto que as necessidades do sujeito se transformam em demanda, demanda de que o outro o ame, única garantia de sobrevivência. O que escapa entre a necessidade e a demanda é o desejo que anima o sujeito do inconsciente.

Esse desejo provém da falha, da impossibilidade de que o outro o entenda totalmente ou mesmo que atenda totalmente sua demanda de amor inesgotável e, portanto, impossível de ser atendida. A essa falha inevitável entre o sujeito e o outro Freud denominou de castração e às ficções que cada um de nós inventa para justificar a impossibilidade do encontro perfeito, de complexo de Édipo.

Desse modo, o sujeito da psicanálise está desde a origem referido ao outro, que pela via da palavra, único meio de intercâmbio, presentifica a cultura e a "polis". É, desde sempre, um sujeito político.

No início deste novo século, os destinos de nossa civilização parecem, no mínimo, complexos. O capitalismo tomou rumos impensáveis na época de Karl Marx, em que o patrão tinha um rosto e podia ser combatido e até mesmo amado e invejado. Hoje, o capital não tem face. Se a bolsa cai num desconhecido país do Oriente, nossa vida é afetada para pior, mas não temos contra quem protestar.

Resta ainda, no entanto, aos sujeitos, seu desejo que lhes permite inventar, criar, ir adiante, mudar aos outros e a si mesmo. É desse desejo que a psicanálise fala e trata. Essa é sua política: a política do desejo.

Psicanálise e ciência

Ao descobrir o inconsciente e inventar a psicanálise, Freud criou, no mesmo movimento, um novo campo do saber e uma nova modalidade de laço social, de relacionamento. Freud era um homem de ciência, um médico estudioso da neurologia, e durante toda sua vida sofreu da contradição entre sua formação científica e o fato de ser o inventor de um novo campo do saber — a psicanálise — que, embora mantenha conexões com o campo da ciência, com ele não se confunde.

Na verdade, a afirmação da independência da psicanálise em relação à ciência se deve, já na segunda metade do século XX, ao psicanalista francês Jacques Lacan. Antes dele, os seguidores de Freud tentaram resolver a contradição freudiana "cientificizando" os seus textos e inventando termos técnicos (como, por exemplo, *catexia* em lugar de *investimento*, que era a palavra usada por Freud para descrever o movimento do eu ao lançar a libido — carga afetiva — sobre o objeto). Nesse esforço em prol da ciência, os psicanalistas pós-freudianos chegaram ao cúmulo de traduzir os componentes da segunda proposta de Freud de divisão do aparelho psíquico (que amplia a primeira: consciente, pré-consciente, inconsciente), ou seja, *Ich, Uberich* e *Es* — literalmente, *Eu, Supereu* e *Isso* — em pretensiosos termos latinos: *Ego, Superego* e *Id.* Se nos lembrarmos de que Freud, além de inventor da psicanálise, foi um grande escritor, autor laureado com o Goethe, o prêmio máximo para os escritores da língua alemã, podemos verificar que essa patética tentativa de inscrever a psicanálise no campo da ciência, maquiando seus conceitos com termos complicados, toma ares de vandalismo.

A ciência moderna é fruto do Iluminismo, movimento filosófico do século XVII que inspirou no século XVIII a Revolução Francesa e ao qual devemos o advento do conceito moderno de democracia. A partir da Idade Média, a ciência havia ficado subordinada à religião, e o patrimônio cultural da civilização ocidental era conservado nos mosteiros, como descreve Umberto Eco no seu grande romance *O nome da rosa.* Devemos ao filósofo francês René Descartes o corte epistemológico que permitiu o advento da ciência tal como a pensamos hoje.

Como todos os filósofos, Descartes buscava a certeza, era movido pelo desejo de aprender a distinguir o verdadeiro do falso. Foi nesse esforço, em interlocução com os doutores da Sagrada Faculdade de Teologia de Paris, que escreveu suas *Meditações.* Os textos de Descartes foram escritos na primeira pessoa do singular e neles o autor revela, com franqueza, o que o move em sua pesquisa filosófica: é o desejo de saber. Portanto, foi enquanto sujeito do desejo que Descartes inaugurou um método de reflexão filosófico inédito que vai expandir e dar independência ao campo da ciência: a *dúvida metódica*. Através desse método, ele pôs em suspensão todas as certezas que advêm dos sentidos para se concentrar nas evidências produzidas exclusivamente pelo pensamento. Assim chegou ao seu famoso *Cogito ergo sum*, penso logo existo, demonstração lógica da primazia da consciência.

Como já foi dito, as *Meditações* de Descartes tinham um endereçamento claro aos doutores da Faculdade de Teologia de Paris, porém, para além deles, suas reflexões se dirigiam a um saber supremo — Deus. Deus é evocado como garantia da existência, por ser depositário da verdade absoluta. Se existe no pensamento do homem — ser imperfeito — a ideia da suprema perfeição, esta só pode ter sido inspirada por um Deus que não engana, pois se Deus fosse mentiroso seria inferior ao homem, cujo pensamento é capaz de pensar a perfeição.

No entanto, ao atribuir a Deus o supremo saber, Descartes inaugurou ao mesmo tempo um campo do saber científico com o qual Deus não tem nada a ver. A Deus pertencem as verdades eternas, mas cabe ao homem percorrer os caminhos que o levem às suas verdades. Nasce assim a ciência moderna, livre das amarras das normas religiosas.

Nesse novo campo científico, no século XIX, vai surgir um médico que, ao escutar de um modo inédito suas pacientes histéricas, subverte o *cogito* de Descartes, cria um novo campo do saber e uma nova modalidade de laço social.

Um novo campo do saber

Ao longo de seu ensino que durou quase três décadas (1953-1981), Jacques Lacan retomou várias vezes, e por vários prismas, a subversão cartesiana empreendida por Freud. Resumida e superficialmente, podemos dizer que a descoberta do inconsciente aponta para o fato de que *o homem é ali onde não pensa e pensa onde não é.*

Tal como Descartes em suas *Meditações*, o sujeito do inconsciente é movido pelo desejo. Esse desejo, Freud descobre bem cedo em sua obra, é o desejo proibido, incestuoso, correspondente ao complexo nuclear da neurose: o Édipo. Além disso, o sujeito da psicanálise é dividido pelo recalque, que funda o inconsciente e torna esse desejo desconhecido para o sujeito que é animado por ele.

Assim, o inconsciente se configura como um saber não sabido pelo sujeito, saber cujo funcionamento obedece a suas próprias leis que não coincidem com as leis da lógica consciente. Segundo Freud, o inconsciente opera por *condensação* e *deslocamento*. Na histeria, por exemplo, o sujeito pode condensar numa parte do corpo todo o investimento libidinal. É o caso de uma paciente de Freud que fez uma paralisia no braço que se encostava na cama do pai enfermo, do qual cuidava. O braço paralítico era então a metáfora de sua história de amor edipiano proibido. Na neurose obsessiva, o deslocamento é prevalente na formação do sintoma, como veremos a seguir. Foi Jacques Lacan, em seu retorno a Freud, que releu a condensação e o deslocamento à luz da linguística, como as leis da linguagem: *metáfora* e *metoní-*

mia. O sujeito da psicanálise é, portanto, simultaneamente, o mesmo sujeito da ciência — sujeito do desejo — e um sujeito desconhecido que se manifesta na falha, no tropeço, no ato falho, no sonho, no sintoma.

Um novo laço social

A subversão freudiana atinge não só o conceito de sujeito como também o de objeto. Freud define a neurose como uma aberração patológica de um estado afetivo normal. Distingue assim o estado afetivo normal (o que hoje, com Lacan, chamamos de *estrutura*), da neurose desencadeada, que produz sintomas e sofrimento e leva o sujeito a buscar ajuda.

Na neurose, o sujeito retira o investimento da libido no objeto da realidade e o investe no objeto da fantasia. Freud enfatiza que é esse investimento forte no objeto da fantasia que permite ao analista aproveitá-lo para o estabelecimento da *transferência*. Durante o tratamento analítico, o psicanalista vai ocupar então o lugar desse objeto, inaugurando um novo laço social, no qual o objeto é ativo, causa o desejo, ao contrário do objeto da ciência, sempre passivo diante do desejo do experimentador.

Freud descobriu a transferência através do tratamento de suas primeiras pacientes histéricas, já em 1895. Trata-se de um fenômeno natural, o enamoramento do sujeito por alguém a quem ele supõe um saber, como Descartes o fazia em relação a Deus. É o que se observa, por exemplo, nos adolescentes que se enamoraram dos professores ou nas beatas que se apaixonam pelo padre. A novidade introduzida por Freud foi a de utilizar este fenômeno natural e, operando a partir do lugar de objeto causa de desejo, transformá-lo na mola mestra do tratamento psicanalítico.

Uma nova neurose

Já se tornou lugar-comum dizermos que a psicanálise nasceu do encontro de Freud com as histéricas, o que, aliás, é pura verdade. O que se esquece muitas vezes é que devemos a Freud a "invenção" da neurose obsessiva. Foi em 1896, no artigo intitulado "A hereditariedade e a etiologia das neuroses", que Freud tornou pública, pela primeira vez, sua inovação nosográfica, declarando que, em função de suas pesquisas sobre o inconsciente, lhe havia sido necessário situar junto à histeria a neurose de obsessões. Não deve ser por acaso o fato de que é nesse mesmo texto que Freud usa pela primeira vez a palavra *psicanálise*.

Antes de Freud, o quadro que conhecemos hoje como neurose obsessiva — um tipo clínico da estrutura neurótica, que compõe, juntamente com a histeria, as neuroses de transferência — era considerado uma manifestação da mania e pertencia ao quadro das psicoses. Pinel, Esquirol, J.P. Falret e Legrand du Saulle, grandes psiquiatras clínicos do passado, descreveram respectivamente a mania sem delírio, a monomania de raciocínio, a loucura da dúvida, a patologia da inteligência, ora acentuando a alteração de conduta do sujeito afetado, ora sublinhando a sua alienação parcial.

O termo inglês *obsession* [obsessão] data do século XVII e foi usado por um abade a propósito de um piedoso paroquiano que gostava muito de ler seu livro de orações. O bom homem cronometrou o tempo que levava para lê-lo e descobriu que, se o lia por inteiro em duas horas, levaria quatro horas para lê-lo duas vezes, seis para lê-lo três, e assim sucessivamente, de modo que ao cabo de um certo tempo passava o dia a ler compulsivamente o livro. Isso fez com que o abade, homem sensato, concluísse, muito britanicamente, que não se tratava de piedade religiosa, e sim de uma *obsession*.

Na nota introdutória ao texto *Obsessões e fobias* (1895), o tradutor oficial de Freud, James Strachey, atribui a Krafft-Ebing a utilização, em 1867, do termo *Zwangvorstellung*, ideia obsessiva. Este termo é bem familiar a Freud, e é curioso observar como há um descompasso no uso da nomenclatura, em sua correspondência com o amigo Fliess e nos artigos que publica na época. Em sua correspondência privada, Freud já falava de *Zwangneurosen* (neurose obsessiva) desde 1894, ao passo que só utiliza essa denominação em um artigo dois anos depois, quando os conceitos já estavam bem-definidos.

Um distúrbio intelectual

Em 1895, no *Rascunho H*, Freud chamou a atenção para o fato de que na psiquiatria as ideias delirantes (da paranoia) situavam-se ao lado das ideias obsessivas como distúrbios puramente intelectuais. De fato, ao contrário da histeria, em que o sintoma se manifesta primordialmente no corpo, na neurose obsessiva o sujeito sofre dos pensamentos.

Um ano depois, Freud assim descreveu a formação do sintoma na neurose obsessiva: as ideias obsessivas seriam produtos de um compromisso. O encontro do sujeito com o sexo é sempre traumático, e na neurose obsessiva é acompanhado por um excesso de gozo que acarreta culpa e autorrecriminação. O recalque incide sobre a representação do trauma e o afeto é deslocado para uma ideia substitutiva. Desse modo o sujeito obsessivo é atormentado pela autorrecriminação sobre fatos aparentemente fúteis e irrelevantes. Freud diz que, na verdade, a ideia obsessiva é correta no que tange ao afeto e à categoria, mas é falsa em decorrência do deslocamento e da substituição por analogia. Ou seja: a ideia obsessiva pode ser contrária a qualquer lógica, embora sua força compulsiva seja inabalável.

Esse mecanismo de formação de sintoma tem consequências importantes. Em primeiro lugar, a prevalência do deslocamento e da substituição por analogia faz com que a operação do recalque, na neurose obsessiva, seja mais frágil do que na histeria. Na clínica, isso pode ser facilmente observado, quando encontramos na fala do obsessivo elementos que deveriam estar recalcados. O próprio Freud dá um exemplo muito bom, falando de outro assunto, com outras implicações. Trata-se de um homem que após narrar um sonho erótico acrescenta sobre a mulher do sonho: "Não era minha mãe." Freud explica que o uso da negação permite que o sujeito diga a frase proibida: "Era minha mãe." Mas fica ainda uma pergunta anterior: afinal, quem foi que falou de mãe?

Freud também nos diz que o obsessivo crê na representação recalcada. Esse fenômeno da crença (*Glauben*) ou descrença (*Unglauben*) na representação vai ser, aliás, de extrema importância no estabelecimento do diagnóstico diferencial entre a neurose obsessiva e a paranoia, que é uma psicose. Fiquemos por ora com a neurose obsessiva: o sujeito crê na autorrecriminação, crê na representação recalcada, e é essa crença que lhe permite duvidar. A dúvida, que Descartes elevou à dignidade de um método filosófico, não é apenas um sintoma da neurose obsessiva. É também uma defesa contra a angústia, contra o afeto que se desloca de uma representação à outra.

Na paranoia, todo o processo de formação do sintoma se passa de modo bem similar: a experiência traumática é também acompanhada de um excesso de gozo que acarreta culpa. No entanto, não há formação de uma autorrecriminação e nem seu posterior recalque. O paranoico não crê (*unglauben*) na autorrecriminação e a culpa é projetada em seus semelhantes. A culpa retorna sobre o sujeito sob a forma das acusações delirantes que são a base do delírio de perseguição. A descrença do paranoico é a base da certeza delirante. Esta certeza delirante diverge radicalmente daquela buscada por Descartes através da dúvida metódica. Para o filósofo a certeza não se constituía em algo assentado, uma vez obtida. É um movimento contínuo na busca da verdade que é preciso que seja repetido, a cada vez, por cada um.

A neurose obsessiva e a paranoia são, portanto, como já o havia dito Freud, distúrbios intelectuais, patologias do pensamento, embora bem distintas uma da outra. Porém, como veremos adiante, não é só esse fato que as aproxima e que torna importante, para o psicanalista, distingui-las claramente.

Corpo e pensamento

Ao inaugurar o novo campo de saber da psicanálise, a partir da descoberta do inconsciente, Freud não se preocupou em construir uma teoria sobre o pensamento. Deixou-nos, entretanto, textos fundamentais que nos permitem algumas especulações sobre o tema, que é de especial interesse na neurose obsessiva. Jacques Lacan, em 1975, define o obsessivo como um puro "eu penso", chamando a atenção para a articulação íntima entre o pensamento e o corpo.

Para todos nós é bastante óbvio que pensamos porque temos um corpo, mas o que não é tão evidente é que pensamos à imagem e semelhança desse corpo. Muitos anos antes, Lacan havia tomado como ponto de partida a experiência de um psicólogo francês, Henri Wallon, para aprofundar o estudo da constituição do eu como instância psíquica, tal como Freud já havia apresentado na *Introdução ao narcisismo*. Na experiência de Wallon, a criança, entre os seis e os oito meses, olha sua imagem no espelho, volta-se para o adulto que a acompanha em busca de confirmação e se rejubila ao se reconhecer naquela imagem.

O interessante é observar que esse reconhecimento é totalmente apoiado na confirmação do adulto, na palavra do outro. Não há nenhuma evidência física que o sustente. Nessa idade, a criança ainda não tem coordenação motora para ficar em pé sozinha, sem apoio, ou controlar os esfíncteres, por exemplo. A experiência que ela tem de seu corpo é, segundo Freud, a de um conjunto de pulsões autoeróticas desgovernadas e descoordenadas, ou seja, que nem sequer constituem um conjunto. No entanto, o bebê se reconhece na *Gestalt* integrada do espelho e sorri, feliz com sua bela imagem. O eu se constitui aí, diz-nos Freud, como a projeção de uma superfície.

A imagem especular é profundamente alienadora, no sentido mesmo da alienação política. A Gestalt fechada oculta a divisão do sujeito e, portanto, o protege de uma angústia que é angústia de castração, ou seja, derivada dessa fenda que funda o sujeito do inconsciente. Se formos bem simplistas, podemos pensar que o sujeito se reconhece numa imagem invertida: o que ele vê à direita está à esquerda e vice-versa. Há, no entanto, uma força de captura nessa imagem totalizante, e foi a isso que Freud denominou de narcisismo: o amor ao eu-imagem.

Chamamos, conforme Lacan, de eixo especular ao eixo que se estabelece entre o eu e a imagem. A imagem do eu é também a imagem de nossos semelhantes, que vamos amar, a partir do nosso próprio narcisismo, ou odiar, na medida em que ameacem a integridade de nosso eu. Assim sendo, o eixo especular é o eixo do amor e da agressividade. É nele que está preso o obsessivo, e a sua oscilação entre o amor e o ódio pelos semelhantes Freud chamou de *ambivalência*.

Como já vimos, o reconhecimento da imagem especular depende da palavra do outro. O corpo em psicanálise, portanto, não se reduz à imagem especular ou ao eu. A linguagem recorta o corpo, e só temos um corpo porque a linguagem nos atribui um. Acreditamos piamente, por exemplo, que temos um pâncreas ou uma vesícula biliar, porque a linguagem da ciência nos diz que temos, e não é necessária nenhuma verificação objetiva disso, já que, como sujeitos do inconsciente, nós nos sustentamos na linguagem.

O eu, então, é uma instância frágil que só se sustenta na palavra e na imagem e que está a todo momento ameaçado de ser denegrido pela palavra do outro, o que leva Lacan a dizer, brincando, que o eu é paranoico. É claro que uma instância psíquica não é um sujeito, mas esse é o outro ponto em comum entre o neurótico obsessivo e o paranoico: ambos têm um eu extremamente forte e, portanto, ameaçado e agressivo.

Nosso pensamento consciente está profundamente arraigado a essa dimensão imaginária. Fascinado pela imagem especular, o eu consciente tende a dar significação a tudo, compreender tudo, ou seja, fechar o pensamento à imagem e semelhança da Gestalt que vemos no espelho e na qual nos reconhecemos. Ora, a descoberta do inconsciente foi uma ferida no narcisismo do homem, na medida em que abriu uma dimensão nova de desconhecimento de si mesmo. O obsessivo, o "eu penso", profundamente capturado pela imagem especular, vai resistir, muito mais do que a histérica, ao confronto com o inconsciente. Quem dentre nós não conhece um obsessivo enfatuado, obviamente cheio de problemas, que diz com empáfia: "Não preciso de analista, eu me analiso a mim mesmo"? É a alienação no eu, é a debilidade *mental* do obsessivo.

Do sintoma à fantasia

Já vimos como em 1896 Freud amarra a formação do sintoma ao destino que o sujeito dá à representação do trauma sexual: recalque (na neurose) e recusa (na psicose). Nessa época, Freud acreditava que o trauma sexual acontecia de fato, era um dado objetivo. No ano seguinte, numa carta a seu amigo Fliess, escreve, entre triste e jocoso, que foi obrigado a abandonar essa sua primeira teoria das neuroses, pois do contrário teria que admitir que todos os pais de Viena, inclusive o seu, eram uns pervertidos que atacavam sexualmente seus filhos. Anos mais tarde, Freud conclui que tinha razão, o trauma sexual de fato ocorre, através dos cuidados higiênicos que o adulto proporciona ao bebê, e que nesse sentido a primeira grande sedutora é a mãe.

Voltando à carta citada, ao abandonar sua primeira teoria da neurose, Freud faz uma importante descoberta: não há indicação de realidade objetiva no inconsciente, a realidade é psíquica e é determinada pela *fantasia inconsciente*. Ao falarmos de inconsciente, não há como distinguir a verdade da ficção, pois a verdade do sujeito é tecida de ficção. É o que verificamos na clínica, quando o sujeito narra os fatos ocorridos na infância ou mesmo na atualidade. Não interessa a fidedignidade dos fatos, pois a verdade está no que ele conta e em como ele conta.

Freud diz também que a fantasia sexual inconsciente se prende invariavelmente ao tema dos pais. Em outra carta a Fliess, no mês seguinte, esclarece como isso se dá: é através do complexo de Édipo. Freud descobre em sua autoanálise, que ele remete a Fliess, também nele próprio o desejo sexual pela mãe e a rivalidade mortífera para com o pai. Ele generaliza sua descoberta para todos os sujeitos e diz que é aí que jaz a força de atração que a tragédia *Édipo Rei*, de Sófocles, tem até hoje. Cada pessoa da plateia foi, um dia, um Édipo em potencial na fantasia e se reconhece inconscientemente na peça.

Essa é uma descoberta fundamental de Freud, pois é justamente nesse ponto que a psicanálise se diferencia de todas as outras terapias que incidem sobre o sintoma. Afinal, o sintoma pode ceder sob a influência da sugestão, e isso Freud já havia aprendido com Charcot, durante seu estágio na Salpêtrière. Charcot usava o hipnotismo para sugestionar as histéricas e atingir os seus sintomas. Freud dá um passo a mais e descobre que o valor da análise é que ela pode operar sobre a fantasia inconsciente do sujeito, modificar sua realidade psíquica, sua perspectiva de ver o mundo e seu modo de estar no mundo, muito além do sintoma.

Em sua fantasia, o sujeito obsessivo está preso ao tema da *morte*. É a morte, a grande figura da castração, que ele tenta ludibriar empregando várias estratégias e ardis. Um obsessivo pode, por exemplo, sofrer imensamente com a ideia que o atormenta da morte da pessoa amada. Essa ideia é um sintoma, uma formação de compromisso, uma ideia substitutiva da representação intolerável do trauma que provocou gozo e culpa. Porém, essa ideia obsessiva está também atrelada à fantasia inconsciente de que o pai pode matá-lo por ter desejado a mãe e é uma estratégia de desviar a vingança paterna. É como se o obsessivo dissesse: antes ela do que eu. Se a morte deve levar alguém, que não seja eu! Por mais que isso o faça sofrer, o sofrimento originado por seus pensamentos é o preço que o obsessivo paga por seus ardis e seus truques.

O obsessivo e o pai

Quando em 1896 Freud retirou a neurose obsessiva do quadro das psicoses, ele o fez tomando como referência a histeria e a forte relação que o sujeito, tanto o histérico como o obsessivo, estabelece com o pai. Essa relação se estabelece pela via da *identificação*.

Na verdade, o conceito de identificação já ganhou no domínio público uma versão popular. É comum alguém dizer, por exemplo, que se identifica com um amigo porque está atravessando os mesmos problemas que ele, e por isso acha que sabe o que ele está sentindo. Para a psicanálise, porém, identificação é um conceito complexo que se divide em três modalidades específicas.

A primeira é a que mais se aproxima do senso comum e é o que chamamos de identificação *imaginária*. Nela, o sujeito se confunde com um outro. Freud a exemplifica através da relação das massas com seus líderes. É essa a identificação que ocorre também entre os membros de um grupo. A identificação imaginária se estabelece a partir do eixo especular e, portanto, se baseia tanto no amor como na agressividade. Um grupo pode se unir pelo amor a um líder, mas frequentemente precisa de um "estranho no ninho", alguém que não faz parte do grupo, para ser o alvo da agressividade grupal. Essa é a raiz do preconceito e da discriminação.

Freud chama o segundo tipo de identificação *regressiva*. É a modalidade mais primária de identificação: aquela que se dá a um traço tomado do pai. É a identificação na qual se funda a neurose (histeria e obsessão), e podemos designá-la como identificação *simbólica*, pois o traço que se toma do pai é um traço simbólico (Cf. p.15-8). Temos assim que o pai é a referência primordial na estrutura neurótica.

A terceira modalidade de identificação é a *histérica*, ou identificação pela via do desejo. Freud a ilustra a partir de uma historieta encantadora: no pátio de um colégio de freiras, uma mocinha recebe uma carta do namorado, terminando o relacionamento deles. Tem uma crise nervosa e em breve o pátio está coalhado de mocinhas tendo crises nervosas. Qual a raiz dessa identificação? A falta que dá origem ao desejo. Afinal, a heroína desta pequena história tinha perdido o namorado, mas em sua crise nervosa exibia seu desejo por ele, e, nas crises de suas colegas, o que se mostrava era o desejo de um namorado.

Embora ambas sejam neuroses de transferência, ou seja, neuroses sobre as quais o analista pode operar pela via do desejo, a histeria e a neurose obsessiva usam estratégias diferentes para lidar com o desejo. Aparentemente, a histérica lida melhor com o desejo, pois até pode se identificar com o outro, seu semelhante, por via deste. Porém, na estratégia de sua neurose a histérica denuncia a falta para manter um desejo insatisfeito, como o fizeram as meninas do exemplo dado por Freud, que se identificaram com a falta de namorado, ou seja, sustentavam um desejo insatisfeito de ter um namorado.

Na neurose obsessiva a estratégia é a de tentar *anular* o desejo. É portanto uma estratégia mais radical, uma tentativa de fazer um curto-circuito no desejo, o que tem sérias consequências clínicas. A estratégia obsessiva divide-se em duas partes: em primeiro lugar, trata-se de fazer calar o desejo do outro reduzindo-o aos pedidos que o outro lhe faz. Assim um obsessivo pode ser muito solícito, muito gentil, atendendo da melhor maneira a tudo que lhe pedem para não deixar espaço para o desejo, que está oculto para além do que se pede explicitamente. Ou então pode ser um sujeito "do contra", que se opõe aos pedidos dos outros, mantendo assim a ilusão de que anula o desejo. São manobras opostas a serviço da mesma estratégia.

Quanto ao seu próprio desejo, o obsessivo o mantém como impossível. Ele é o tipo do sujeito que fica casado anos a fio, sem demonstrar amor ou desejo, e que só descobre que de fato amava a mulher quando ela finalmente desistiu dele. Para o obsessivo, o lema perfeito seria "Eu era feliz e não sabia". Há na neurose obsessiva uma temporalidade específica marcada por um "Tarde demais!". O obsessivo é lento, protela suas atividades para fugir do desejo. Ou se precipita, é impulsivo, atua, age impensadamente para não se responsabilizar por seus atos.

Mas afinal, o que tudo isto tem a ver com a relação do obsessivo com o pai? Tem tudo a ver. O obsessivo crê no pai, crê no traço identificatório tomado do pai, e portanto crê nas palavras, crê no pensamento, e é a partir dessa crença que combate o desejo. O desejo é contra a lei, incestuoso — o desejo proibido pela mãe inclui o desejo da morte do pai. O obsessivo, submisso, se identifica ao traço tomado do pai (identificação simbólica), mas também se identifica imaginariamente ao pai, cujo lugar quer ocupar. E é a partir daí que a culpa cobra seu preço.

Uma estratégia masculina

Temos aqui nos referido a *o obsessivo* e *a histérica*, porém os tipos clínicos da neurose não correspondem rigorosamente ao gênero sexual dos sujeitos. Embora na clínica possamos encontrar um maior número de homens obsessivos e mulheres histéricas, a experiência e a literatura psicanalítica mostram que existem tanto homens histéricos como mulheres obsessivas.

Em psicanálise, o masculino e o feminino são definidos a partir da posição que o sujeito assume em relação ao *falo*. Esse conceito foi desenvolvido por Freud a partir da década de 1920 e acarretou muitos debates teóricos e muitas acusações ao suposto "machismo" de Freud e de sua teoria *falocêntrica*, ou seja, centrada no falo. Porém, se lemos com cuidado os principais textos dessa época, verificamos que a importância dada ao falo está no fato de que ele representa o órgão do desejo. Freud é muito claro quando diz que, em psicanálise, o falo que importa é aquele que falta à mulher.

Embora os desenvolvimentos da ciência moderna apontem na direção de um "admirável mundo novo" em que um dia todos os bebês possam ser gerados em proveta, por enquanto os sujeitos humanos nascem de uma mulher e se interrogam sobre o desejo que os gerou. Não é uma interrogação sobre o desejo da mãe, pois o que quer uma mãe é muito claro: ela quer um filho. Porém, para além da mãe que se satisfaz com o filho que tem, há uma mulher, com seu misterioso desejo. É esse desejo que é interrogado pelo sujeito.

Lacan exemplifica essa questão fundamental através de uma pequena novela do século XVII. Nela o herói é Álvaro, um bonito rapaz espanhol que está em serviço militar em Nápoles, na Itália. Uma noite, sem ter o que fazer, aceita o convite de dois colegas, velhos e feios, para invocar o demônio numa gruta perto da cidade. Ao ser invocado por Álvaro, o demônio, que nunca havia atendido aos chamados dos dois velhotes, responde com uma voz tremenda, que sai de uma enorme cabeça de camelo: "*Chè vuoi?*", "O que queres?" em italiano. A historieta prossegue com várias peripécias, durante as quais o demônio se transforma numa linda jovem, apaixonada por Álvaro, quc termina por retribuir sua paixão. No momento após o encontro amoroso na cama, o demônio revela sua verdadeira face, a horrenda cabeça de camelo que diz a um Álvaro apavorado: "Eu nunca te enganei. Você sempre soube quem era eu." O livro termina em uma longa prédica de cunho religioso, contra o demônio e a favor da Igreja. O interessante é que os leitores da época reagiram com indignação: queriam um final feliz para Álvaro e o demônio!

As histórias sobre demônios eram, antes de Freud, o veículo predileto para se falar do desejo feminino. Não foi por acaso que, numa das páginas mais negras da história de nossa civilização, os inquisidores caçaram e queimaram as bruxas, mulheres que supostamente dormiam com demônios. Não é por acaso também que na novela evocada por Lacan o demônio é uma mulher.

A mulher, como mãe, é o primeiro objeto de amor e desejo na vida de todos os seres humanos. Para aqueles que estão submetidos à lei do pai, ou seja, os neuróticos, a resposta que é encontrada para a questão do desejo da mulher que está para além da mãe gira em torno do falo, que é o que supostamente faltaria à mulher. Lacan ressalta que esta é uma falta criada pela linguagem, pois objetiva e realisticamente não falta nada no corpo feminino. É por sermos sujeitos da linguagem, regidos pela lógica do *ter* ou *não ter*, que o falo ganha sua importância como representante da falta e, portanto, do desejo.

Os sujeitos que se reconhecem como homens se inscrevem entre aqueles que supõem que têm o falo, embora na verdade eles tenham um pênis que não é falo, o que entretanto não diminui a importância desse órgão. Quando Freud diz que as mulheres sentem "inveja do pênis" (e não do falo, que ninguém tem), é porque as mulheres não têm no corpo um órgão que revele claramente o desejo. Como o desejo feminino é também um enigma para as mulheres, tanto quanto para os homens, a "inveja do pênis" é a nostalgia de ter um órgão que pudesse revelar o desejo.

Na neurose obsessiva, o sujeito é totalmente regido pela lógica fálica. O obsessivo é o sujeito que precisa *ter*: ter dinheiro, mulheres, carro do ano, computadores e mil bugigangas às quais ele atribui um valor fálico e que, no entanto, não recobrem a falta, que é de estrutura. Através dos objetos de valor fálico, o obsessivo tenta fazer calar o desejo, insistente, demoníaco, indestrutível que o habita. Por estar totalmente submetida à lógica fálica, podemos dizer que a neurose obsessiva é uma estratégia masculina.

O caso do Homem dos Ratos

Em 1909, Freud publicou um texto intitulado "A propósito de um caso de neurose obsessiva" e transformou a história do tenente Ernest Lehrs no paradigma psicanalítico desse tipo de distúrbio. O jovem tenente havia procurado Freud tomado de vivo sofrimento e muita aflição, seguindo a orientação de um amigo querido. A causa de seus males é, no entanto, difícil de compreendermos se não conhecemos bem a lógica particular e distorcida da neurose obsessiva.

Vejamos sua história: um dia, no acampamento militar onde estava sediado o seu regimento, um certo capitão Nemeczek havia narrado um cruel suplício que, segundo ele, se aplicava no Oriente. Tomava-se um tonel, com uma única abertura, e nele se colocavam ratos famintos. Sobre a abertura do tonel se sentava nu o infeliz supliciado, oferecendo em seu corpo a única saída possível para os ratos. Esta história havia produzido a mais viva impressão no tenente Lehrs.

Ora, alguns dias depois, o jovem perdeu seus óculos e encomendou um novo par a seu oculista de Viena, que os enviou pelo correio. O capitão Nemeczek disse então, erroneamente, que ele devia pagar o reembolso postal ao tenente Z, que havia pagado a dívida. O tenente Lehrs jurou mentalmente fazê-lo e completou em pensamento a frase do capitão: "senão o suplício dos ratos será aplicado à moça que eu amo e a meu pai". Há aí um pequeno detalhe curioso: o pai do Homem dos Ratos já havia morrido!

Ao tentar cumprir o juramento, descobriu que quem havia pagado o reembolso fora uma senhora que trabalhava no correio. Armou então o plano de procurar o tenente Z, dar-lhe o dinheiro e pedir que ele o entregasse à senhora do correio. Porém o tenente Z havia sido transferido para outro regimento em outra cidade. Lehrs resolveu então ir de trem à cidade onde estava o tenente Z, convencê-lo a voltar com ele para sua cidade, dar-lhe o dinheiro para que ele o entregasse à senhora do correio, que por sua vez deveria entregá-lo ao tenente B, que era o verdadeiro encarregado do correio. Tudo isto para que o tormento dos ratos não fosse aplicado a sua namorada e a seu pai, que, aliás, já estava morto.

Foi nesse estado de confusão mental e profunda angústia que o jovem procurou Freud. Aos poucos, sob transferência, conta seu romance familiar e decifra os elementos que o levaram a construir essa complicada trama. O elemento central é a *dívida*, sempre presente nos casos de neurose obsessiva. O pai do Homem dos Ratos era um devedor: no passado havia perdido no jogo o dinheiro de seu regimento (também ele era militar) e contraíra uma dívida de honra com um amigo que lhe emprestara a quantia. Essa dívida nunca foi paga. Diante de sua própria dívida para com a senhora do correio, agravada pelo juramento que fizera, o tenente Lehrs se vê identificado ao pai devedor.

Para complicar um pouco mais as coisas, no passado sua mãe costumava dizer que o pai havia abandonado uma moça pobre, a quem amava, para casar-se com ela, que tinha mais recursos. O próprio tenente Lehrs acreditava que seu pai desejava que ele casasse com uma moça rica, em lugar de sua namorada, que era pobre. A divisão entre a *mulher rica* e a *mulher pobre*, típica da ambivalência do neurótico obsessivo, se repetia naquele momento em sua divisão entre a senhora do correio (rica, pois havia pago o reembolso postal) e uma empregadinha do albergue onde se hospedava (pobre, portanto), com quem andava se engraçando.

Ao escutar a narrativa do Homem dos Ratos, Freud observou que, falando do suplício, seu rosto revelava um *gozo* desconhecido para ele próprio, como se o sujeito estivesse ao mesmo tempo assustado e fascinado pelo que contava a Freud. Lacan, por sua vez, observa que esse encontro com o capitão Nemeczek teve para o tenente Lehrs o valor de fator desencadeante de sua neurose. A existência de um *capitão cruel* é, aliás, um elemento estrutural próprio da neurose obsessiva. Às vezes, trata-se de um chefe exigente, um colega impiedoso e atormentador, porém o analista deve estar sempre atento para a presença desse elemento, entre outros, para confirmar sua hipótese diagnóstica.

Freud observa também que o obsessivo fala frequentemente de modo interrompido, incompleto, principalmente ao abordar assuntos dolorosos ou difíceis, e diz que por isso, muitas vezes, é necessário ao analista auxiliá-lo, emprestando-lhe palavras. Comenta, então, que a linguagem do obsessivo é um verdadeiro dialeto.

O dialeto obsessivo

A palavra-chave do dialeto do tenente Lehrs era *Ratten* (ratos), que em suas associações se deslocava para *Raten* (dívida) e para *Spielratte* (rato de jogo), que se ligava à história da dívida do pai. Quando Freud lhe comunicou a quantia que cobrava por cada sessão, completou mentalmente "tantos florins, tantos ratos", revelando claramente a associação que fazia entre os ratos e o dinheiro, já que o florim era a moeda da época em Viena. A palavra rato deslizava também em outros equivalentes. Rato traz doença, como a sífilis, que era temida pelos rapazes na época, logo o rato era também o pênis que podia transmitir sífilis.

Na verdade, aí está a referência central em torno da qual giram todas as equivalências: é o falo que, rebaixado à forma do pênis sifilítico, organiza o deslocamento metonímico. Os ratos do tormento tinham como única saída penetrar no ânus do supliciado, ressaltando a equivalência inconsciente ratos-pênis e deslizando para rato-fezes e pênis-fezes, falo-fezes.

Os ratos também mordiam as pessoas, como sua mãe contava que ele mordia os outros quando muito pequeno, logo o rato era também ele e todos os bebês, o que o levou à equivalência entre rato e filho. Esse deslizamento metonímico é típico da neurose obsessiva e é uma das principais características de seu dialeto.

Numa das recordações da infância que traz para a análise, o Homem dos Ratos conta que, muito pequeno, havia tido uma briga séria com seu pai e que, por ainda não conhecer palavrões ou xingamentos, havia insultado o pai chamando-o de *lâmpada, toalha, prato* etc., ou seja, dizendo os nomes de objetos conhecidos.

Esse episódio, que lhe havia sido narrado por sua mãe, já que ele o havia esquecido, revela de maneira muito feliz um dos pontos principais do que a neurose obsessiva pode nos ensinar. Em psicanálise, é a clínica que ensina ao psicanalista, permitindo-lhe ou não confirmar suas hipóteses teóricas. Nessa anedota verídica, o Homem dos Ratos revela o saber do obsessivo sobre o poder mortífero das palavras. Ao xingar seu pai, ele estava tomado da mais viva raiva e a cólera, transbordando em palavras, as transformava em insultos mortais.

Diante das palavras da criança, o pai surpreso teria dito: "Esse menino ou será um grande homem ou um grande criminoso", palavras que foram tomadas, pelo filho, mais tarde, ao saber delas, com a força de um vaticínio. O obsessivo crê na palavra, na força da palavra, em seu poder, e faz da palavra a sua religião particular. Freud observou, por exemplo, que seu paciente usava de forma defensiva a palavra *aber* (mas, porém), paroxítona, acompanhada de um movimento de repulsa. Alguns dias depois, observou que já não dizia "áber" e sim "abér", oxítona. Interrogado sobre isso, o sujeito explicou que o *e* átono de *aber* não lhe dava garantia de que não viesse a acontecer alguma coisa de estranho, de inquietante. Freud, no entanto, ao escutá-lo dizer "abér" ouve *Abwer*, defesa, um conceito da psicanálise que o jovem tenente certamente conhecia.

De outra vez, contou a Freud que tinha uma palavra mágica preferida, formada por ele com as iniciais de suas orações favoritas, às quais acrescentava um fervoroso "amém". Essa fórmula mágica era usada para protegê-lo das tentações sexuais. Freud nos diz, muito discreto e cioso do sigilo que deve ao seu paciente, que não pode revelar a palavra, pois era o anagrama do nome da amada do sujeito terminando com um *s*, que ao se juntar com o *amém*, formava a palavra *Samen*, Sêmen. Assim, como é característico da neurose obsessiva, a própria fórmula que devia protegê-lo das tentações da carne unia sexualmente seu sêmen ao nome da namorada.

Uma religião particular

Freud narra que o Homem dos Ratos, embora fosse um jovem culto e bem-educado, era muito supersticioso. A superstição, a crença nos poderes mágicos dos rituais e na magia de determinadas palavras, é, aliás, comum na neurose obsessiva. Um paciente meu, médico cirurgião e professor universitário, contou durante sua análise que antes de cada cirurgia que executava precisava tocar três vezes no umbral do centro cirúrgico, "para que nada de mal acontecesse". Interrogado sobre o mal que poderia ocorrer, não consegue dizer se era a ele ou ao paciente, ou a ambos, e por que razão o toque do corpo no umbral da porta teria valor de proteção. Em suas associações, relembra sua infância num colégio religioso, em que o padre confessor mandava rezar três "pai-nossos" para cada ato masturbatório confessado. Relata em seguida, com viva indignação, que um amigo psicólogo lhe teria dito que todo cirurgião seria no fundo um sádico, que obteria uma satisfação sexual secreta ao cortar a carne dos pacientes. Diz, porém, que isso ocorrera havia muito tempo, quando ainda era estudante de medicina, e que não dera a menor importância às palavras do amigo. O encadeamento da associação livre revela, assim, a natureza de seu ritual: um ato de penitência pelo prazer sexual secreto obtido no exercício de sua profissão.

Outro paciente obsessivo, dessa vez uma mulher, narra com minúcias exaustivas seus rituais matutinos: acordar, espreguiçar-se três vezes repetindo "Que Deus me ajude", levantar-se com o pé direito tocando no chão antes do esquerdo, a ordem rígida entre satisfazer suas necessidades físicas e lavar-se etc. Se qualquer desses elementos fosse esquecido, era necessário retornar ao leito e começar tudo de novo, o que fazia com que muitas vezes toda a manhã se passasse em repetições, atrasando-a para seus compromissos.

Freud diz que os rituais do obsessivo têm o valor de uma religião particular. Segundo ele, são atos mágicos que revelam a onipotência dos pensamentos do sujeito, resquício da *onipotência infantil*. Do mesmo modo, os obsessivos acreditam em sonhos proféticos, em pensar numa pessoa e encontrá-la na rua ou receber um telefonema dela, narram presságios, na maioria das vezes sem importância. Para sustentar a crença nessa magia, embaralham lembranças, alteram as sequências de tempo na memória e usam truques variados. No entanto, em suas vidas cotidianas, os fatos realmente importantes (a morte de um ente querido, a perda de um emprego etc.) sempre vêm de modo inesperado, causando grande angústia.

Uma outra recordação de infância do Homem dos Ratos revela a origem dessa onipotência infantil dos pensamentos obsessivos. Ele lembra que por vezes sua mãe dizia que não podia assumir determinado compromisso porque tal ou tal dia estaria doente, acamada. Quando o tal dia chegava... surpresa: ela de fato ficava doente! Aos olhos da criança, sua mãe previa o futuro, aliás, tal como seu pai também o previra ao vaticinar que ele seria um grande homem ou um grande criminoso. É, portanto, a crença na onipotência dos pais o que o neurótico obsessivo — eterna criança — espelha nos seus rituais, nas suas previsões mágicas e nas suas supostas profecias.

A direção do tratamento

Diante de tudo o que viemos explanando até aqui, podemos constatar que conduzir uma análise de um neurótico obsessivo não é tarefa fácil. Freud localiza três fontes principais de resistência ao trabalho analítico.

Duas delas são resistências que o eu apresenta em nome do narcisismo. Afinal de contas, o narcisismo — amor do eu por sua bela imagem — é a principal força opositora à análise do inconsciente. A interpretação do analista, que aponta para o desejo inconsciente, sempre incestuoso, proibido, contra a moral e os bons costumes, ofende a lógica do obsessivo porque atinge sua estrutura de camuflagem e, para além do eu, revela o sujeito do desejo. O analista não deve, entretanto, recuar frente a esse tipo de resistência.

Uma jovem analista, sob supervisão, ainda em entrevistas preliminares com uma paciente obsessiva, hesita diante da pergunta: "Posso fumar?" De início diz que sim, porém, ao se dar conta de que a entrevistada estava buscando uma satisfação pulsional substituta para não falar, diz que não. Diante da óbvia incoerência, a paciente se enfurece e reage: "Você não sabe o que diz, parece uma professora que eu tive no primário e..." E entra em associação livre!

É a isso que chamo, sem nenhuma pretensão de rigor conceitual, de "análise na contramão", tão frequente com os neuróticos obsessivos. O eu da paciente havia se enfurecido com a falta de lógica e de coerência da fala da analista, porém o sujeito do inconsciente foi tocado com a questão: "Esta pessoa não diz coisa com coisa. Afinal, o que ela quer de mim?" Ou seja, uma vacilação da analista presentificou a questão do desejo — *Chè vuoi?* — para além das resistências egoicas do sujeito.

Outra forma de resistência, que também provém do narcisismo, é a competição especular com o analista. Crente da palavra, religioso da lógica consciente, o obsessivo se opõe ao equívoco e ao corte da sessão, que são justamente as ferramentas mais adequadas que um analista tem para abordar esta neurose.

Um analista lacaniano, que trabalha com o equívoco e o corte na sessão, deve se munir de uma paciência de Jó para suportar as críticas a sua incoerência, ao pouco tempo para falar, à necessidade que o paciente tem de expor suas ideias etc. etc. etc. E o mais curioso é que esse paciente, que reclama do tempo para falar, gasta o tempo reclamando, sem dizer nada de importante. É a resistência a serviço da anulação do desejo.

Um colega psicanalista, que não trabalha com o corte nem com a sessão curta (já que com o equívoco todos os psicanalistas, desde Freud, trabalham), me diz que o tempo de cinquenta minutos não melhora em nada a resistência dos obsessivos. Aqueles que na sessão curta dizem que têm tanto para falar na sessão com tempo marcado se calam, suspiram, dizem banalidades, até que nos últimos minutos algo surge, de extrema importância e "já não dá tempo para falar". Tarde demais!

Anulação e isolamento

Ao contrário do que acontece na histeria, na neurose obsessiva o recalque é frágil, ou seja, as ideias recalcadas, proibidas, ameaçam com frequência emergir na consciência. Para evitar que isso ocorra, o obsessivo utiliza os chamados "mecanismos auxiliares do recalque": anulação e isolamento.

A anulação está presente, de forma particular, nos atos obsessivos, em que o sujeito faz e desfaz uma ação para anular sua significação. Enquanto esperava a visita de sua amada, o Homem dos Ratos passeava ansioso pela estrada que levava à sua casa, quando avista uma pedra no caminho. Temeroso de que a carruagem da moça pudesse bater na pedra e virar, causando sua morte, tira a pedra do caminho, colocando-a em outro lugar, para em seguida temer que a carruagem, tomando um desvio, fosse bater justamente na pedra colocada por ele nesse outro lugar. Tira pedra, bota pedra, o que a anulação visa em última instância é neutralizar os impulsos agressivos do sujeito que, na neurose obsessiva, permeiam toda relação amorosa.

Porém a anulação não se restringe ao ato. Pode aparecer também na fala, e não são raros os sujeitos obsessivos que se valem da partícula da negação para anular a fala. O sujeito sabe, pela própria experiência, que ao falar o desejo escapa por entre os ditos. Dessa forma, uma paciente obsessiva, precavida, ao se deitar no divã logo diz um sonoro não, antes mesmo de começar a falar.

O mecanismo do isolamento se dá estritamente ao nível da fala. O sujeito corta todas as conexões lógicas que sustentam a palavra proibida que, assim, desprovida de sentido, pode ser dita. Um jovem obsessivo, inteligente e empreendedor, trabalha com seu pai, octagenário, no negócio fundado por este. Forte e saudável, o pai ainda comparece todos os dias à loja, mexe em tudo e, fazendo a maior confusão, não deixa ninguém se esquecer que o dono ainda é ele. Muito aborrecido, o jovem deixa escapar, durante uma sessão de análise: "Às vezes tenho vontade de matar meu pai." A analista repete o dito, acentuando seu caráter proibido, ao que o paciente retruca: "Eu disse 'matar o pai', assim como todo mundo diz , de brincadeira, não quer dizer nada. É bobagem." Isolado da cadeia associativa, "matar o pai" pode ser dito sem o risco do sujeito aí reconhecer o seu desejo.

A reação terapêutica negativa

As resistências que provêm do eu e do narcisismo, embora trabalhosas, são relativamente fáceis de serem suplantadas no trabalho analítico, uma vez que o analista esteja assegurado da transferência, ou seja, de que ocupa de fato o lugar de objeto causa de desejo do sujeito.

Freud fala, entretanto, de uma outra resistência que, na verdade, é mais do que uma resistência, é um fenômeno pouco estudado, mas que merece uma investigação profunda, já que é, infelizmente, frequente na clínica da neurose obsessiva: a reação terapêutica negativa.

A primeira vez que Freud se referiu a esse conceito foi no caso do Homem dos Lobos, em 1918. Naquele momento, ele deu ainda uma interpretação egoica e imaginária à resistência ativa e ao agravamento de sintomas que o paciente apresentava diante de alguns deciframentos, particularmente acurados. Dizia que o paciente reagia como uma criança que, diante da admoestação de um adulto, insiste ainda em fazer o ato censurado (um ruído desagradável, por exemplo), antes de obedecer, para garantir sua autonomia.

Foi somente em 1920, ao apresentar sua segunda concepção de divisão do aparelho psíquico — segunda tópica —, que Freud chegou à formulação definitiva de um conceito que o preocupava desde o início de sua obra: a *pulsão de morte*. Ainda em 1895, no "Projeto para uma psicologia científica", Freud já havia observado a tendência do aparelho psíquico para zerar a excitação. A essa tendência ele deu alguns nomes, como, por exemplo, princípio do Nirvana, mas somente em seu artigo chamado "Mais além do princípio de prazer" conseguiu chegar à formulação definitiva. Esse conceito é fundamental para a compreensão tanto da reação terapêutica negativa, como da neurose obsessiva, em toda a sua complexidade.

Na verdade, em 1920 Freud conseguiu finalizar a conceituação de uma força psíquica que tende à destruição, à anulação de todo estímulo, o que leva obviamente à destruição e à anulação do próprio sujeito do desejo. Na neurose, essa força destrutiva — a pulsão de morte — se encontra fundida com a libido — pulsão de vida —, e essa é a base do conceito de *gozo*, que Lacan irá desenvolver anos depois. No ato sexual, por exemplo, é necessário que o homem esteja munido de alguma dose de agressividade (libido + pulsão de morte) para penetrar a mulher que deseja.

Como na neurose obsessiva a questão que funda a fantasia fundamental sobre o desejo da mulher, para além da mãe, é atravessada em curto-circuito pela questão sobre a morte, a pulsão de morte se faz presente de uma maneira excessiva. Assim como a mulher, a morte não tem representação no inconsciente. O neurótico obsessivo substitui as questões que dizem respeito à sexualidade (à mulher) por uma grande interrogação sobre a morte. Surge na ambivalência das relações do sujeito com seus semelhantes, nas fantasias mortíferas em relação às pessoas amadas, no uso mortal das palavras, na magia dos rituais e na reação terapêutica negativa.

Ao propor sua segunda tópica do aparelho psíquico, Freud apresentou também uma instância psíquica que já vinha esboçando desde 1914, na "Introdução ao narcisismo". De início, ele a denominou apenas de Ideal do eu, e a conceituou como o ponto ideal a partir do qual o eu se avaliava. A partir de 1920, ele distingue este Ideal do *supereu*, instância que vigia e critica o sujeito como os pais o faziam na infância, ou pelo menos como o sujeito achava que eles o faziam. O supereu é particularmente cruel na neurose obsessiva. É o olhar que vigia e a voz que admoesta, sempre prontos a torturar o sujeito. Porém o supereu é, em grande parte, inconsciente, e seu sadismo não pode ser avaliado pelo sujeito. Em seu aspecto consciente, o supereu se presentifica como a consciência moral, tão cara aos neuróticos obsessivos.

É do sadismo do supereu inconsciente que deriva a reação terapêutica negativa. Embora não seja exclusiva da neurose obsessiva, ela se faz muito presente inclusive em tratamentos analíticos longos e bem-conduzidos, quando o sujeito se confronta com a realização de um desejo. O supereu sádico, inconsciente, cobra seu preço e o sujeito manifesta reações que vão desde o agravamento dos sintomas a atuações lesivas contra sua pessoa, e até mesmo ao abandono de uma análise aparentemente bem-sucedida.

Freud sublinha a importância do mau prognóstico diante de uma manifestação da reação terapêutica negativa, mas essa é uma armadilha da qual os analistas não podem escapar. Como apostamos sempre no desejo contra a pulsão de morte, em geral insistimos, mesmo diante do risco de fracasso.

Um problema para Karl Abraham

Dentre os companheiros e seguidores de Freud, da primeira geração de psicanalistas, dois se destacaram pela originalidade de suas contribuições e por sua militância entusiasmada em prol da psicanálise: Sandor Ferenczi e Karl Abraham.

Abraham nasceu em Bremen em 1877 e morreu precocemente aos 48 anos em Berlim em 1925, devido a doenças que adquiriu durante a Primeira Guerra Mundial, na qual serviu como oficial médico. Era um psiquiatra muito experiente, com uma enorme clínica, um psicanalista investigador que contribuiu para grandes avanços na elaboração dos conceitos. Foi também um estudioso da neurose obsessiva e devemos a ele algumas das páginas mais elucidativas na descrição dessa patologia.

Na verdade, um problema intrigava Abraham, e essa questão atravessa os trabalhos que publicou de 1911 até a sua morte: a semelhança entre as manifestações observadas nos pacientes obsessivos e nos melancólicos. Essa semelhança havia sido a razão principal de os psiquiatras, antes de Freud, considerarem que as obsessões faziam parte das loucuras maníacas e melancólicas. Abraham, entretanto, era um psicanalista e reconhecia que a obsessão era uma neurose. Sua questão era outra!

Sua pesquisa havia se dirigido para a origem das afecções mentais, ou seja, sua etiologia. Durante esse período estava desenvolvendo a hipótese de que as várias patologias se diferenciavam devido à fase de *fixação* da libido, durante o desenvolvimento infantil. Ora, tanto na neurose obsessiva quanto na melancolia observa-se uma clara fixação na *fase anal*. Sua pergunta na verdade era: por que a fixação numa determinada fase do desenvolvimento da libido dá origem tanto a uma neurose (obsessiva) como a uma psicose (melancolia)?

Abraham descreveu minuciosamente os fenômenos que apontam essa fixação libidinal: as particularidades relativas à limpeza e à ordem; a tendência a manter uma atitude obstinada e desafiadora, alternando com uma docilidade exagerada, uma bondade excessiva; e as anomalias na relação do sujeito com o dinheiro e com os bens.

Porém o que intrigava particularmente a Abraham eram os "intervalos livres", o tempo entre uma e outra crise na melancolia, em que a conduta do paciente não se distingue da de um obsessivo. Narrou, por exemplo, o caso de um paciente com problemas sexuais, dificuldades de relacionamento com as mulheres. Na infância, sentia-se preterido em prol do irmão mais velho, mais inteligente, e do mais novo, franzino e delicado, paparicado pela mãe. Sentia ódio de seus pais e ciúme de seus irmãos. Era-lhe difícil tomar uma resolução e chegar a qualquer decisão. Comparava-se frequentemente com os colegas e sentia-se inferior.

Um episódio vivido por ele se assemelha à relação obsessiva do Homem dos Ratos com as palavras: um professor o criticou dizendo que ele era "um aleijado físico e mental". Isso o remeteu às palavras de sua ama ao descobrir sua masturbação na infância: ela o ameaçara com a infelicidade por toda vida. Quando esse sujeito entrava em crise, no entanto, era diferente das crises que se observam na neurose obsessiva. O sujeito ficava apático, inibido, tinha dificuldade até de falar. Dizia "sou um pária, um amaldiçoado, sou estigmatizado. Não pertenço ao mundo".

Abraham reconhecia aí todos os indícios de uma crise melancólica e se perguntava: por quê?

Um problema para a psicanálise

A resposta para Abraham veio do próprio Freud. Em 1915, ele publicou o texto "Luto e melancolia", elaborado a partir de sua correspondência com o amigo, no qual tentou responder às principais questões colocadas por Abraham. Para Freud, a questão não está na fixação libidinal numa determinada fase do desenvolvimento e sim no tipo de relação que o sujeito mantém com o objeto.

Tanto no luto como na melancolia, é uma *perda* que desencadeia o processo: pode se tratar tanto de uma perda de fato (de um ente querido, de um trabalho...), como de uma perda simbólica ou de um ideal. Daí em diante os processos são diferentes: o luto pressupõe que o sujeito esteja simbolicamente referido ao pai, identificado a um traço simbólico tomado deste. Isso permite o que Freud chama de "trabalho do luto", que é um trabalho com as palavras. Freud o descreve de maneira muito poética: o sujeito desfia uma a uma as lembranças e as recordações que o prendem ao objeto perdido, e nesse desfilamento simbólico vai retirando a libido que o prende ao objeto, até poder recuperá-la toda e reinvesti-la em um novo objeto. Esse processo é possível porque, graças à identificação simbólica, o sujeito mantém uma relação estável com o objeto na fantasia.

Na melancolia, a ausência da identificação simbólica ao pai faz com que o sujeito se perca junto com o objeto perdido. A célebre frase de Freud "*A sombra do objeto recai sobre o eu*" deve ser tomada no sentido mais literal. O sujeito e o seu eu tornam-se a sombra do objeto perdido. Freud diz que na melancolia o sujeito sabe que perdeu algo mas não sabe o que perdeu junto com o objeto perdido. O sujeito passa então a se incriminar, a se lastimar e a se autoacusar como o mais indigno dos homens, o mais miserável, o culpado de todos os males que afligem a humanidade. A euforia típica da mania é apenas uma defesa contra esse estado de absoluta desolação. Freud chega mesmo a comentar que o sujeito melancólico tem razão, ele *sabe* sobre a indignidade da natureza humana, e diz que o espantoso é que o sujeito precise adoecer para se confrontar com essas verdades tão radicais.

As autorrecriminações são fenômenos presentes tanto na melancolia como na neurose obsessiva, porém diferem em sua origem e função. Como já vimos, na neurose obsessiva a autorrecriminação é um sintoma, fruto do deslocamento da angústia e da culpa que acompanhavam a representação recalcada para outra representação substitutiva. Nesse sentido, protege o recalque, embora faça o sujeito sofrer.

Na melancolia, a autorrecriminação é fruto do retorno da pulsão de morte, desvinculada da libido, sobre o sujeito. Após a sua segunda tópica, Freud vai falar desse fenômeno que ocorre nas psicoses: a desfusão das pulsões. Nas neuroses, a operação simbólica garante a fusão da libido com a pulsão de morte, embora sempre escape um excesso de pulsão de morte, que Lacan chamou de *mais-de-gozar* e disse que era o mesmo que a mais-valia de Karl Marx. Foi esse o gozo que Freud observou no rosto do Homem dos Ratos quando ele contava o suplício narrado pelo capitão cruel. Na psicose, a ausência da operação simbólica que garante o recalque pode fazer com que, após o surto, haja uma desfusão das pulsões de vida e de morte, com resultados funestos para o sujeito.

Freud nos dá vários exemplos disso, entre eles o negativismo dos esquizofrênicos, mas principalmente os estados melancólicos em que a libido se escoa, como se houvesse uma ferida aberta no simbólico, e o sujeito se torna *pura cultura da pulsão de morte.*

A melancolia continua sendo, após Freud, um fascinante campo de pesquisa e debate entre os psicanalistas. Alguns desses não a reconhecem como uma psicose, dado alguns fenômenos que apresenta e principalmente devido aos "intervalos livres", porém todos mantêm as coordenadas traçadas por Freud para as investigações.

A política da neurose obsessiva

Para a psicanálise, o sujeito é constituído pela palavra que vem do outro. Assim sendo, não se sustenta a oposição entre interno e externo, entre indivíduo e sociedade. O sujeito da linguagem é sempre o sujeito da *polis*, sujeito de cultura e, portanto, sujeito político.

Em seu Seminário XVII, *O avesso da psicanálise*, proferido logo após o levante estudantil de Paris, em 1968, e em alguns seminários subsequentes, Lacan acentuou essa ligação íntima entre psicanálise e política. Chamou a atenção, por exemplo, para o discurso da histérica que, por sustentar um desejo insatisfeito, vai sempre contra o *status quo*: é o discurso da renovação, da reivindicação, da busca por mudanças.

O obsessivo, como já vimos, não tem discurso próprio — sua fala é em dialeto e ele é, sobretudo, submetido à palavra do outro, a quem obedece sempre, mesmo que seja "na contramão", ou seja, fingindo que se opõe. Por exemplo, um obsessivo que é atendido nas segundas, terças e quintas-feiras reage com um vigoroso protesto ao corte de sua sessão, numa quinta-feira. Indignado, encerra seu discurso dizendo: "Para mostrar a você que falo sério, não virei à sessão amanhã." A analista, que não atende às sextas-feiras, retruca: "Está bem! Se assim o deseja marcarei uma sessão extra para você amanhã, às x horas." O que foi prontamente aceito pelo sujeito, que reconheceu em seu ato falho a emergência de um desejo inconsciente, em contradição com seus furiosos protestos.

Para falar da política da neurose obsessiva, Lacan lança mão de um mito apresentado por Hegel na *Fenomenologia do espírito*. Lacan estudou durante muito tempo com o professor e filósofo hegeliano Alexandre Kojève, por quem foi muito influenciado. Tentarei fazer um resumo, necessariamente precário, dadas a complexidade e a importância da obra de Hegel, do mito em questão, para tentarmos apreender a política do sujeito obsessivo.

Hegel propõe um mito da origem do pensamento humano: dois sujeitos se confrontam numa rivalidade especular, imaginária e, portanto, tingida de amor e ódio. São sujeitos do desejo: cada um deseja que o outro o reconheça como uma "consciência de si"; são, portanto, animados pelo desejo consciente de reconhecimento. No embate, um deles abre mão do gozo da vida em prol da vitória, que lhe garantiria a liberdade. O outro, temeroso, não abre mão do gozo da vida e, assim sendo, perde a liberdade. É uma disputa sem vencedores ou vencidos, pois o primeiro, o *senhor*, ganha a contenda mas passa a depender do outro, o *escravo* perdedor, para gozar a vida. O escravo, que é aparentemente o derrotado, detém os meios de fazer gozar o senhor. Se pensarmos, como exemplo, na escravidão no Brasil, vemos que eram os escravos que aravam o campo, cuidavam do gado, faziam a comida e atendiam a todas as necessidades de gozo do senhor, o qual gozava, inclusive, do corpo das mulheres escravas.

Karl Marx, que também foi profundamente influenciado por Hegel, valeu-se desse mito para demonstrar como os trabalhadores (escravos) unidos poderiam derrotar o patrão (senhor) na greve, que paralisava as máquinas (aparelhos de gozo do senhor) que só eles (escravos) sabiam manejar.

Lacan nos diz que o neurótico obsessivo ocupa de bom grado a posição de escravo. É um escravo que não se rebela, pois espera a morte do senhor para ocupar seu lugar. Enquanto espera esse dia que nunca vem (lembremo-nos do Homem dos Ratos, submetido ao pai morto, para além da morte física deste), cumpre zelosamente seus deveres de escravo. Na verdade, o obsessivo, nessa posição de escravo, goza a contrabando porque se supõe essencial ao senhor: só ele sabe como fazer o outro gozar. É óbvio que essa suposição é uma ilusão e o desespero toma conta do obsessivo ao constatar que ninguém é essencial a ninguém, e que o outro pode, sim, perdê-lo.

Psicanálise e ciência: o retorno

A partir da segunda metade do século XX podemos observar um enorme avanço científico, principalmente no campo da neurofarmacologia. A descoberta da fenda sináptica e de seus receptores permitiu isolar neurotransmissores como a neuroadrenalina, a dopamina e a serotonina, a partir de 1960. É claro que esses avanços foram saudados com alegria na esperança de melhora e de alívio do sofrimento psíquico.

No entanto, o panorama atual das terapêuticas que se voltam para o tratamento do mal-estar no psiquismo — da neurose à psicose — não se mostra tão róseo assim. Existem para isso muitos fatores.

Em primeiro lugar, embora o sujeito da psicanálise seja o mesmo sujeito da ciência, como vimos no início deste livro ao falarmos de Descartes, o cientista pode eliminar — e frequentemente o faz em nome da objetividade — o *efeito sujeito* de seu campo de investigação. Assim, por exemplo, a disseminação dos medicamentos dirigidos aos distúrbios sexuais não leva em conta que esses distúrbios, em um homem, não se limitam à disfunção eréctil. Desse modo, o mesmo medicamento que pode ser uma dádiva benéfica para um homem cuja capacidade de ereção foi prejudicada por uma doença física, embora a capacidade de desejar permaneça ativa, pode ser experimentado como uma confirmação de fracasso por outro que, bloqueado em seu desejo, verifique que a ereção e o ato mecânico não resolvem seus problemas.

A esse primeiro obstáculo se acrescenta outro de igual importância: a partir dos avanços da ciência moderna, o médico é cada vez mais convocado a operar em sua prática como cientista. Ora, o médico sempre foi mais do que um cientista. Até bem pouco tempo atrás, a figura do "médico de família" era a do sábio, do conselheiro que unia os cuidados do corpo a um bom manejo da transferência, pois sempre foi no terreno da transferência que a medicina operou. Hoje os planos de saúde e/ou a medicina socializada estão fazendo desaparecer a figura do médico, que se reduz cada vez mais à de um cientista de estatuto duvidoso, que apenas medica.

Os imperativos do discurso capitalista — que financia as pesquisas que geram novas drogas, que por sua vez precisam ser consumidas, para financiar novas pesquisas — exigem que o médico seja objetivo e seguro, operando portanto fora do campo da transferência onde o "efeito sujeito" é o que está presente. Os médicos de antigamente sabiam que muitas vezes um sujeito melhora *para* o médico, ou piora para desafiá-lo e obter mais cuidados, e era com isso que lidavam, para além dos medicamentos.

Essas exigências criam então um paradoxo que se torna particularmente crítico no que se refere à psiquiatria. Como, por exemplo, fazer um diagnóstico preciso e aplicar corretamente a medicação sem escutar cuidadosamente o sujeito, se os quadros se assemelham, por vezes se confundem e até mesmo se superpõem do ponto de vista puramente fenomenológico? Ao longo deste livro, procurei mostrar as semelhanças e as diferenças entre a neurose obsessiva, a paranoia e a melancolia. Porém, como fazê-lo sem o sujeito?

Temos ainda que considerar o fato de que as neurociências se compõem de um imenso conjunto de disciplinas, algumas científicas e outras apenas pseudocientíficas. As práticas terapêuticas derivadas das neurociências, na medida em que neguem o sujeito, serão sempre pseudocientíficas.

O psicanalista francês Bernard Nominé narra, por exemplo, a proposta de um grupo de terapeutas cognitivistas da Califórnia para o tratamento dos pacientes portadores do TOC. Ao paciente, o terapeuta diz que o seu sofrimento psíquico é causado por uma doença cerebral. É posto então à sua disposição um material que lhe permite visualizar a atividade de seu córtex fronto-orbitário, que estaria em franca agitação durante seus pensamentos compulsivos. O terapeuta sugere que pense em outra coisa, e é mostrada ao paciente a atividade do córtex pacificada. A ênfase terapêutica é dada à mudança voluntária e consciente do pensamento, como se ao obsessivo faltasse, por si mesmo, vontade consciente de mudar.

Na verdade, nesse estratagema sinistro o obsessivo é convidado a mudar de compulsão e levado a pensar compulsivamente em suas ondas cerebrais. Nominé sugere, brincando, que, como é típico do consumismo capitalista, em breve teremos à venda um "kit TOC", aparelho que o obsessivo levaria para casa para observar seu córtex. Podemos então evocar uma visão moderna do piedoso paroquiano do abade do século XVII, com seu "kit TOC" na mão, calculando o tempo que gastaria em medir suas ondas cerebrais e transformá-las e repetir a operação, gastando, assim, as horas de seu dia.

O aspecto mais sério desse tipo de desenvolvimento indesejável do discurso da ciência a serviço do capitalismo reside no ponto de vista *ético*. Transformar o sujeito na vítima de seu funcionamento cerebral ou de seus neurotransmissores é irresponsabilizá-lo por sua vida, é torná-lo politicamente amorfo, desacreditando em sua capacidade de mudança. Submetido à palavra do outro, escravo temeroso em relação ao desejo, o neurótico obsessivo já é um conformista. Negar sua subjetividade e reduzir toda a complexidade de seu sofrimento a uma doença cerebral é confirmá-lo como morto-vivo, mantê-lo para sempre escravizado.

A psicanálise aposta no sujeito do desejo e na sua possibilidade de — se quiser — mudar seu destino. Mais de cem anos de pesquisa e de clínica têm comprovado que dá certo. Não é um caminho fácil, não é uma "pílula da felicidade"; é caro, no sentido próprio e figurado, e muitas vezes doloroso, mas opera. E é a partir daí que a psicanálise tem, mais do que nunca, uma enorme contribuição a dar à ciência de nosso tempo.

A invasão da psiquiatria por uma suposta objetividade científica tem por vezes efeitos retrógrados. A neurose obsessiva, descoberta por Freud em 1896, e cuidadosamente teorizada por ele, desaparece hoje dos manuais de psiquiatria e é reduzida a um transtorno obsessivo-compulsivo, cuja sigla, TOC, evoca o bater na madeira supersticioso do obsessivo: toque-toque. Também a melancolia foi reduzida a um transtorno, e ninguém mais se pergunta se é ou não uma psicose: é o transtorno bipolar, o que não quer dizer nada. Vemos assim, em nome da ciência, uma regressão conceitual a mais de cem anos atrás.

Referências e fontes

- Como referências sobre a obra de Freud, utilizei *A correspondência completa de Sigmund Freud para Wilhelm Fliess* (organizada por J.M. Masson, Rio de Janeiro, Imago, 1986) e as *Obras completas* (Sigmund Freud, Buenos Aires, Amorrortu), traduzidas diretamente do alemão.

- Um desenvolvimento mais extenso sobre a neurose obsessiva na psiquiatria clássica pode ser encontrado no primeiro capítulo de meu livro *Um certo tipo de mulher: mulheres obsessivas e seus rituais* (Rio de Janeiro, Rios Ambiciosos, 2001).

- No debate sobre a neurose obsessiva e a melancolia, usei como fonte Karl Abraham, *Teoria psicanalítica da libido* (Rio de Janeiro, Imago, 1970). Na obra de Freud, além do título citado, "Luto e melancolia" (presente no vol. XIV das *Obras completas*), fazemos referência ao artigo de 1923, "O eu e o isso" (vol. XIX), do qual tirei a citação "pura cultura da pulsão de morte".

- Sobre a seção "A política da neurose obsessiva", as referências são os seminários *O avesso da psicanálise* (Rio de Janeiro, Zahar, 1996) e *O saber do psicanalista* (inédito).

- As citações feitas na seção "Psicanálise e ciência: o retorno" foram tiradas do artigo "É preciso temer as neurociências?" (Bernard Nominé, *Heteridade* 2, Revista Internacional de Fóruns do Campo Lacaniano, out 2002).

Leituras recomendadas

• Como o leitor pôde verificar, as principais leituras sobre a neurose obsessiva sugeridas por mim se concentram na obra de Freud. Embora as *Obras completas* estejam traduzidas para o português pela Imago, recomendo a tradução para o espanhol da Amorrortu, Buenos Aires, por ter sido feita diretamente do alemão e por ter assim escapado das adulterações cometidas pelo "comitê do glossário", na década de 1940, que orientou a tradução inglesa de James Strachey.

• A referência central em Freud é o caso do Homem dos Ratos, que se encontra no vol.X da coleção tanto da Imago como da Amorrortu. Para outras referências, além das citadas no texto, o leitor deve buscar o "índice alfabético de materiais", no vol. XXIV da coleção.

• Em Lacan, sobre o tema específico da neurose obsessiva, recomendamos o seminário *As formações do inconsciente* (Rio de Janeiro, Zahar, 1999), especialmente o capítulo XXIII, "O obsessivo e seu desejo". Também no seminário *A transferência* (Rio de Janeiro, Zahar, 1995) encontramos na segunda parte, intitulada "O objeto do desejo e a dialética da castração", preciosos ensinamentos sobre o tema.

• Nos *Escritos*, do mesmo autor (Rio de Janeiro, Zahar, 1998), o tema é abordado em vários artigos e sugiro que o leitor se remeta ao "Índice ponderado dos principais conceitos", p.916.

Sobre a autora

Maria Anita Carneiro Ribeiro é natural de Salvador, Bahia, mas fez no Rio de Janeiro sua formação psicanalítica e acadêmica, tendo concluído o pós-doutorado em psicologia pela Pontifícia Universidade Católica do Rio de Janeiro (PUC-RJ) em 2003.

Psicanalista membro da Escola de Psicanálise do Campo Lacaniano (AME), é também membro do Colegiado de Formações Clínicas do Campo Lacaniano (RJ), onde conduz seminário de psicanálise e coordena a Rede de Pesquisa sobre psicanálise com crianças.

Além da atividade clínica em consultório particular, é coordenadora acadêmica do Curso de Especialização em Psicologia Clínica da PUC-RJ, onde leciona várias disciplinas.

Tem diversos artigos publicados no Brasil e no exterior e em 1997 organizou o livro *Os destinos da pulsão* (Rio de Janeiro, Contra Capa), com o psicanalista Manoel Barros da Motta. Em 1998 organizou *A cisão de 1998* (Rio de Janeiro, Marca d'Água) e em 2001 lançou o livro *Um certo tipo de mulher* (Rio de Janeiro, Rios Ambiciosos). É também editora de *Marraio* (Rio de Janeiro, Rios Ambiciosos), revista sobre psicanálise com crianças, lançada em 2000 e classificada pelo Qualis (Capes) como Nacional B.

Psicanálise **PASSO-A-PASSO**

- **O adolescente e o outro**
  Sonia Alberti
- **Mito e psicanálise**
  Ana Vicentini de Azevedo
- **Sonhos**
  Ana Costa
- **Édipo**
- **Psicanálise com crianças**
  Teresinha Costa
- **Freud: criador da psicanálise**
- **Lacan, o grande freudiano**
  Marco Antonio Coutinho Jorge e Nadiá Paulo Ferreira
- **A sublimação**
  Orlando Cruxên
- **Freud e a religião**
  Sérgio Nazar David
- **O conceito de sujeito**
  Luciano Elia
- **A teoria do amor**
  Nadiá Paulo Ferreira
- **Histeria: o caso Dora**
  Nadiá Paulo Ferreira e Marcus Alexandre Motta
- **A interpretação**
  Laéria Fontenele
- **Freud e a cultura**
  Betty Fuks
- **Política e psicanálise**
  Ricardo Goldenberg
- **A psicose**
  Andréa M.C. Guerra
- **Angústia**
  Sonia Leite
- **Linguagem e psicanálise**
  Leila Longo
- **Para que serve a psicanálise**
- **A transferência**
  Denise Maurano
- **Depressão e melancolia**
  Urania Tourinho Peres
- **Feminino/masculino**
  Maria Cristina Poli
- **Os outros em Lacan**
  Antonio Quinet
- **A neurose obsessiva**
  Maria Anita Carneiro Ribeiro
- **Arte e psicanálise**
- **Cinema, imagem e psicanálise**
  Tania Rivera
- **Trauma**
  Ana Maria Rudge
- **A paixão**
  Marcus André Vieira
- **Educação e psicanálise**
  Rinaldo Voltolini